Homme à la mer!

F. Marion Crawford

Writat

Cette édition parue en 2023

ISBN : 9789359254029

Publié par
Writat
email : info@writat.com

HOMME À LA MER

Oui, j'ai entendu « Homme à la mer ! » bien des fois depuis que je suis enfant, et une ou deux fois j'ai vu cet homme partir. Il y a plus d'hommes perdus de cette façon que les passagers des paquebots n'en ont jamais appris. Je suis resté debout à regarder par-dessus le rail par une nuit sombre, quand il y avait un pas à côté de moi, et quelque chose est passé devant ma tête comme une grosse chauve-souris noire – et puis il y a eu une éclaboussure ! Les chauffeurs font souvent ça. Ils deviennent fous de chaleur, glissent sur le pont et disparaissent avant que quiconque puisse les arrêter, souvent sans être vus ou entendus. De temps en temps, un passager le fait, mais il a généralement ce qu'il pense être une assez bonne raison. J'ai vu un homme vider son revolver sur une foule d'émigrants en avant, puis passer comme une fusée. Bien sûr, tout officier qui se respecte fera ce qu'il peut pour récupérer un homme, si le temps n'est pas si mauvais qu'il devrait risquer son navire ; mais je ne crois pas avoir vu un homme revenir plus de deux ou trois fois au cours de ma vie alors qu'il était déjà parti, bien que nous ayons souvent ramassé la bouée de sauvetage et parfois la casquette de l'individu. Les chauffeurs et les passagers sautent par-dessus ; Je n'ai jamais connu un marin capable de faire ça, ivre ou sobre. Oui, on dit que cela s'est produit sur des navires difficiles, mais je n'ai jamais connu de cas moi-même. De temps en temps, un homme est repêché quand il est tout simplement trop tard et meurt dans le bateau avant que vous puissiez le faire monter à bord, et - eh bien, je ne sais pas si j'ai jamais raconté cette histoire depuis que cela s'est produit - je savais un gars qui est allé là-bas et est revenu mort. Je ne l'ai pas vu après son retour ; un seul d'entre nous l'a fait, mais nous savions tous qu'il était là.

Non, je ne vous parle pas de « requins ». Il n'y a pas de requin dans cette histoire, et je ne sais pas du tout si je la raconterais si nous n'étions pas seuls, juste vous et moi. Mais vous et moi avons vu des choses à différents moments, et peut-être que vous le ferez. comprendre. D'ailleurs, vous savez que je dis ce que je sais et rien d'autre ; et j'ai eu envie de vous le dire depuis que c'est arrivé, mais il n'y a eu aucune chance.

C'est une longue histoire, et cela a pris du temps pour se réaliser ; et cela a commencé il y a de nombreuses années, en octobre, aussi loin que je me souvienne. J'étais alors pote; J'ai réussi le Marine Board local pour devenir capitaine environ trois ans plus tard. C'était le *Helen B. Jackson*, de New York, avec du bois pour les Antilles, une goélette à quatre mâts, Captain Hackstaff . Même à l'époque, elle était démodée : pas d'âne à vapeur, et tout était fait à la main. Il y avait encore des marins qui faisaient du cabotage à cette époque, vous vous en souvenez. Ce n'était pas un navire difficile, car le vieil homme était meilleur que la plupart d'entre eux, même s'il restait isolé et avait une tête de clé à singe. Nous étions treize en tout à bord du navire ; et certains d'entre eux ont ensuite pensé que cela pouvait avoir quelque chose à voir avec cela, mais toutes ces absurdités m'ont été arrachées quand j'étais un garçon. Je ne veux pas dire que j'aime prendre la mer un vendredi, mais j'ai *pris* la mer un vendredi et rien ne s'est passé ; et deux fois auparavant, nous étions treize, parce qu'une des mains ne s'est pas présentée à la dernière minute, et rien ne s'est jamais produit non plus, rien de pire que la perte d'un ou deux espars légers, ou d'une petite toile. Chaque fois que j'ai fait naufrage, nous avions navigué aussi joyeusement qu'il vous plaisait : pas de treize, pas de vendredi, pas de morts dans la cale. Je crois que cela se passe généralement ainsi.

J'ose dire que vous vous souvenez de ces deux garçons Benton qui se ressemblaient tellement ? Ce n'est pas étonnant, car ils étaient frères jumeaux. Ils ont embarqué avec nous en tant que garçons sur le vieux *Boston Belle* , lorsque vous étiez compagnon et que j'étais devant le mât. Je n'ai jamais vraiment su lequel des deux, même à ce moment-là ; et quand ils portaient tous les deux la barbe, il était plus difficile que jamais de les distinguer. L'un était Jim et l'autre Jack ; James Benton et John Benton. La seule différence que j'ai jamais pu constater, c'est que l'un semblait plutôt plus gai et plus enclin à parler que l'autre ; mais on ne pouvait même pas en être sûr. Peut-être qu'ils avaient des humeurs. En tout cas, il y en avait un qui sifflait quand il était seul. Il ne connaissait qu'un seul morceau, c'était "Nancy Lee", et l'autre ne connaissait aucun morceau du tout ; mais je peux aussi me tromper sur ce point. Peut-être qu'ils le savaient tous les deux.

Eh bien, ces deux garçons de Benton sont arrivés à bord du *Helen B. Jackson* . Ils avaient embarqué sur une demi-douzaine de navires depuis le *Boston Belle* , ils avaient grandi et étaient de bons marins. Ils avaient une barbe rougeâtre, des yeux bleu vif et des visages couverts de taches de rousseur ; et c'étaient des gars tranquilles, de bons ouvriers au gréement, plutôt volontaires, et tous deux de bons hommes à la barre. Ils ont réussi à être dans le même quart : c'était le quart bâbord sur l' *Helen B.* , et c'était le mien, et j'avais une grande confiance en eux deux. S'il y avait un travail en altitude qui nécessitait deux mains, ils étaient toujours les premiers à sauter dans le gréement ; mais cela n'arrive pas souvent sur une goélette longitudinale. S'il y avait du vent et que le foc devait être rentré, cela ne les dérangerait pas de mouiller, et ils seraient sortis au bout du beaupré avant qu'il y ait une main sur le hale-bas. Les hommes les aimaient pour cela, et parce qu'ils ne parlaient pas de ce qu'ils pouvaient faire. Je me souviens d'un jour, lors d'un travail de prise de ris, le hale-bas s'est séparé et est descendu sur le pont depuis le sommet de la fessée. Lorsque le temps s'est calmé et que nous avons secoué les récifs, le hale-bas a été oublié jusqu'à ce que nous pensions que nous pourrions bientôt en avoir à nouveau besoin. Il y avait un peu de mer, le barrage était éteint et la gaffe claquait. L'un des gars de Benton était au volant, et avant que je sache ce qu'il faisait, l'autre était sur la gaffe avec la fin du nouveau hale-bas, essayant de le faire passer à travers son bloc. Celui qui dirigeait le regardait et devenait blanc comme du fromage. L'autre se balançait à l'extrémité de la gaffe, et chaque fois qu'elle roulait sous le vent , il remontait avec une secousse qui aurait envoyé n'importe qui sauf un singe voler dans l'espace. Mais il ne l'a pas quitté avant d'avoir enroulé la nouvelle corde, et il est bien revenu. Je pense que c'était Jack au volant ; celle qui semblait la plus joyeuse, celle qui sifflait « Nancy Lee ». Il aurait préféré faire le travail lui-même plutôt que de regarder son frère le faire, et il avait l'air effrayé ; mais il la maintenait aussi stable que possible dans la houle, et il inspira longuement lorsque Jim eut regagné le bloc Peak- Halliard et eut quelque chose à quoi s'accrocher. Je pense que c'était Jim.

Ils portaient également de bons vêtements et étaient des hommes soignés et propres dans le gaillard d'avant. Je savais qu'ils n'avaient personne à terre, ni mère, ni sœurs, ni épouses ; mais d'une manière ou d'une autre, ils avaient tous les deux l'air d'être remaniés de temps en temps par une femme. Je me souviens qu'ils avaient un sac à chansons à eux deux, et qu'ils avaient un dé à coudre de femme dedans. Un des hommes leur en dit quelque chose, et ils se regardèrent ; et l'un sourit, mais pas l'autre. La plupart de leurs vêtements étaient semblables, mais ils avaient entre eux une guernesey rouge. Pendant un certain temps , j'ai pensé que c'était toujours le même qui le portait, et j'ai pensé que cela pourrait être une façon de les différencier. Mais ensuite j'ai entendu l'un le demander à l'autre et dire que l'autre l'avait porté en dernier. Ce n'était donc pas un signe non plus. Le cuisinier était un Antillais, appelé James Lawley ; son père avait été pendu pour avoir installé des lumières dans des cocotiers là où elles n'avaient pas leur place. Mais il était bon cuisinier et connaissait son métier ; et ce n'était pas de la soupe, de la brute et du corps de chien tous les dimanches. C'est ce que je voulais dire. Le dimanche, le cuisinier appelait ces deux garçons Jim, et en semaine, il les appelait Jack. Il disait qu'il devait parfois avoir raison s'il faisait cela, car même les aiguilles d'une horloge peinte indiquent la droite deux fois par jour.

Ce qui m'a poussé à essayer de trouver un moyen de distinguer les Benton , c'est ceci. Je les ai entendus parler d'une fille. C'était la nuit, pendant notre quart, et le vent nous avait éloignés un peu brusquement, et lorsque nous nous sommes aplatis dans les focs, nous avons pointé les huniers, pendant que les deux garçons de Benton faisaient reculer l'écoute de fessée. L'un d'eux était à la barre. J'ai enroulé moi-même le hale-bas du hunier d'artimon et j'allais vers l'arrière pour voir comment il se dirigeait vers le haut, lorsque je m'arrêtai pour regarder une lumière et m'appuyai contre le rouf. Pendant que j'étais là, j'ai entendu les deux garçons parler. On aurait dit qu'ils avaient déjà parlé de la même chose, et autant que je sache, la voix que j'ai entendue en premier appartenait à celui qui n'était pas aussi joyeux que l' autre, celui qui était Jim quand on savait ce qu'il était.

"Est-ce que Mamie est au courant ?" » demanda Jim.

"Pas encore," répondit doucement Jack. Il était au volant. "Je veux lui dire la prochaine fois que nous rentrerons à la maison."

"D'accord."

C'est tout ce que j'ai entendu, parce que je n'avais pas envie de rester là à les écouter pendant qu'ils parlaient de leurs propres affaires ; alors je suis allé vers l'arrière pour regarder dans l'habitacle, et j'ai dit à celui qui était à la barre de le garder ainsi tant qu'il aurait de la route sur lui, car je pensais que le vent reviendrait bientôt et qu'il y avait de la terre sous le vent. Quand il répondit, sa voix, d'une manière ou d'une autre, ne ressemblait pas à une voix joyeuse. Peut-être que son frère avait relevé le volant pendant qu'ils parlaient, mais ce que j'avais entendu me faisait me demander lequel d'entre eux avait une fille à la maison. Par beau temps, vous aurez tout le temps de vous promener sur une goélette.

Après cela, j'ai cru remarquer que les deux frères étaient plus silencieux lorsqu'ils étaient ensemble. Peut-être ont-ils deviné que j'avais entendu quelque chose cette nuit-là et sont-ils restés silencieux quand j'étais là. Certains hommes se seraient amusés à essayer de les taquiner séparément à propos de la fille à la maison, et je suppose que, quelle qu'elle soit, elle aurait laissé le chat sortir du sac si j'avais fait cela. Mais d'une manière ou d'une autre, je n'aimais pas ça. Oui, je pensais moi-même à ce moment-là me marier, donc j'avais une sorte de sympathie pour celui qui le voulait, qui me donnait envie de ne pas le plaisanter.

Ils ne parlaient pas beaucoup, me semblait-il ; mais par beau temps, quand il n'y avait rien à faire la nuit et que l'un dirigeait, l'autre traînait continuellement comme s'il attendait pour soulager le volant, même s'il aurait pu profiter d'une sieste tranquille, peu importe ce que cela m'importait. météo. Ou bien, lorsque l'un faisait la vigie à son tour, l'autre était assis sur une ancre à côté de lui. L'un restait près de l'autre, la nuit plus que le jour. J'ai remarqué ça. Ils aimaient s'asseoir sur cette ancre, et ils y rangeaient généralement leurs tuyaux, car l' *Helen B.* était un bateau au sec dans la plupart des temps et, comme la plupart des avant- après, il valait mieux naviguer par vent que libre. Avec une mer de travers, nous embarquions parfois un peu d'eau vers l'arrière. De toute façon, nous étions à l'arrière lors de ce voyage, et c'est une des raisons pour lesquelles nous avons perdu cet homme.

Nous tombâmes sur un vent de sud, sud-est d'abord ; puis le baromètre a commencé à baisser pendant que vous pouviez le regarder, et une longue houle a commencé à monter du sud . Quelques mois plus tôt, nous aurions peut-être été confrontés à un cyclone, mais c'est "octobre partout" dans ces eaux, comme vous le savez mieux que moi. Il allait juste souffler, puis il allait pleuvoir, c'était tout. ; et nous avons eu tout le temps de tout mettre en place avant que le vent ne s'aggrave. Le vent soufflait plus fort après le coucher du soleil, et lorsqu'il faisait complètement nuit, c'était un grand vent. Nous avions raccourci la voile pour cela, mais comme nous étions à l' arrière , nous portions la brioche au ris serré au lieu de la voile d'essai de tempête. Elle dirigeait donc mieux, tant que nous n'avions pas à nous lever . J'ai eu mon premier quart avec les garçons de Benton, et nous n'étions pas sur le pont depuis une heure qu'un enfant aurait pu comprendre que le temps était sérieux.

Le vieil homme est monté sur le pont et a regardé autour de lui, et en moins d'une minute, il nous a dit de lui donner la voile d'essai. Cela signifiait se soulever, et j'en étais heureux ; car, même si l' *Helen B.* était un assez bon navire, ce n'était pas un navire neuf, loin s'en faut, et cela ne lui servait à rien de le conduire par ce temps. J'ai demandé si je devais appeler tout le monde, mais à ce moment-là, le cuisinier est arrivé à l'arrière et le vieil homme a dit qu'il pensait que nous pourrions faire le travail sans réveiller les dormeurs, et que la voile d'essai était déjà à portée de main sur le pont, car nous ne nous attendions pas à ce que ce soit le cas. quelque chose de mieux. Nous étions tous en cirés, bien sûr, et la nuit était aussi noire qu'une mine de charbon, avec seulement un rayon de lumière sortant de la fente du bouclier de l'habitacle, et on ne pouvait distinguer un homme d'un autre que par sa voix. Le vieil homme prit le volant ; nous avons placé la bôme au milieu du navire, et il l'a plaquée face au vent jusqu'à ce qu'elle n'ait pratiquement aucun moyen de se déplacer. Il soufflait maintenant, et c'était tout ce que moi et deux autres pouvions faire pour prendre le relais du hale-bas, tandis que les autres descendaient au sommet et à la gorge, et nous avions les mains occupées pour faire quelques tours autour du vent. voile mouillée. C'est tout un jeu d'enfant sur l' avant et l'après comparé aux huniers à ris dans n'importe quelle météo, mais l'équipement d'une goélette fait parfois des choses peu pratiques auxquelles on ne s'attend pas, et ces longues drisses éternelles se gâtent de tout si elles dérivent. . Je me souviens avoir pensé à quel point ce travail particulier était difficile à réaliser. Quelqu'un a décroché le bloc de la drisse , et a cru l'avoir accroché dans la tête de la voile d'essai, et a chanté pour le hisser, mais il l'avait raté dans l'obscurité, et le bloc lourd s'est envolé dans le gréement sous le vent, et l'a presque tué lorsqu'il est revenu en arrière avec le vent. Alors le vieil homme la releva au vent jusqu'à ce que le foc tremble comme le tonnerre ; puis il la retint, et elle partit dès que les voiles d'avant se remplirent, et il ne pouvait plus la récupérer sans la fessée. Ensuite, l' *Helen B.* a fait son tour préféré , et avant que nous ayons eu le temps de dire grand-chose, nous avions la mer au-dessus du quart et étions jusqu'à la taille, avec les parrels de la voile d'essai à moitié cerclés autour du mât, et le pont si plein.

d'équipement qu'on ne pouvait pas mettre le pied sur une planche, et le fesseur qui commençait à dériver à nouveau, étant mal arrêté, et la confusion générale et le plaisir d'enfer qu'on ne peut avoir que sur un avant -après quand il n'y a vraiment rien c'est grave l'affaire. Bien sûr, je ne veux pas dire que le vieil homme n'aurait pas pu diriger son tour aussi bien que vous, moi ou n'importe quel autre marin ; mais je ne crois pas qu'il ait jamais été à bord du *Helen B.* auparavant, ni qu'il ait eu la main sur sa roue jusque-là ; et il ne connaissait pas ses habitudes. Je ne veux pas dire que ce qui s'est passé était de sa faute. Je ne sais pas à qui la faute. Peut-être que personne n'était à blâmer. Mais je savais que quelque chose s'était passé quelque part à bord lorsque nous avions embarqué sur ce bateau, et vous ne m'en sortirez jamais de la tête. Je n'avais pas de temps libre moi-même, car j'étais en train d'amener le reste de la voile d'essai au mât. Nous étions sur tribord amures, et la halle à gorge descendit sur bâbord comme d'habitude, et je suppose qu'il y avait au moins trois hommes à bord, qui s'éloignaient pendant que j'étais aux pontets.

Maintenant, je vais vous dire quelque chose. Vous m'avez connu, homme et garçon, plusieurs voyages ; et tu es plus âgé que moi ; et tu as toujours été un bon ami pour moi. Maintenant, pensez-vous que je suis le genre d'homme à penser que j'entends des choses là où il n'y a rien à entendre, ou à penser que je vois des choses quand il n'y a rien à voir ? Non, ce n'est pas le cas. Merci. Eh bien, j'avais passé le dernier anneau, et j'ai chanté aux hommes de s'éloigner, et je me tenais sur les mâchoires de la gaffe, avec ma main gauche sur le boulon de la voile d'essai, de sorte que je Je pouvais sentir quand la planche était tendue, et je ne pensais à rien d'autre qu'à être heureux que le travail soit terminé et que nous allions la soulever . C'était aussi noir qu'une poche de charbon, sauf qu'on voyait les stries sur la mer à mesure qu'elles passaient, et à l'arrière du rouf je pouvais voir le rayon de lumière de l'habitacle sur le ciré jaune du capitaine alors qu'il se tenait à la roue – ou plutôt je l'aurais peut-être vue si j'avais regardé autour de moi à ce moment-là. Mais je n'ai pas regardé autour de moi. J'ai entendu un homme siffler. C'était « Nancy Lee » et j'aurais juré que l'homme était juste au-dessus de ma tête, dans les traverses. Seulement, d'une manière ou d'une autre, je savais très bien que si quelqu'un avait pu être là-haut et avoir pu siffler une mélodie, il n'y avait alors pas d'oreilles vivantes assez pointues pour l'entendre sur le pont. Je l'entendais distinctement, et en même temps j'entendais le véritable sifflement du vent dans le gréement météorologique, aigu et clair comme le sifflet à vapeur sur le chariot à cacahuètes d'un Dago à New York. Tout allait bien, c'était comme il se doit ; mais l'autre n'avait pas raison ; et je me sentais bizarre et raide, comme si je ne pouvais pas bouger, et mes cheveux s'enroulaient contre la doublure de flanelle de mon sou'wester, et je pensais que quelqu'un avait laissé tomber un morceau de glace dans mon dos.

J'ai dit que le bruit du vent dans le gréement était réel, comme si l'autre ne l'était pas, car je sentais que ce n'était pas le cas, même si je l'entendais. Mais c'était quand même le cas ; car le capitaine l'entendit aussi. Quand je venais relever le gouvernail, pendant que les hommes débarrassaient les ponts, il jurait. C'était un homme calme, et je ne l'avais jamais entendu jurer auparavant, et je ne pense pas l'avoir fait de nouveau, même si plusieurs choses étranges se sont produites par la suite. Peut-être a-t-il dit alors tout ce qu'il avait à dire ; Je ne vois pas comment il aurait pu dire autre chose. Je pensais que personne ne pouvait jurer comme un Danois, sauf un Napolitain ou un Sud-Américain ; mais quand j'ai entendu le vieil homme, j'ai changé d'avis. Il n'y a rien à flot ou à terre qui puisse battre un de vos discrets skippers américains, s'il s'engage sur cette voie. Je n'avais pas besoin de lui demander quel était le problème, car je savais qu'il avait entendu « Nancy Lee », comme moi, mais cela nous affectait différemment.

Il ne m'a pas donné le gouvernail, mais m'a dit d'avancer et d'enlever le deuxième capot de la trinquette, afin de mieux la maintenir debout. Alors que nous nous dirigeions vers le drap une fois terminé, l'homme à côté de moi a fait tomber son sou'wester contre mon épaule et son visage s'est approché si près de moi que je pouvais le voir dans le noir. Il devait faire très blanc pour que je le voie, mais je n'y ai pensé qu'après. Je ne vois pas comment la lumière aurait pu tomber dessus, mais je savais que c'était l'un des garçons Benton. Je ne sais pas ce qui m'a poussé à lui parler. "Bonjour, Jim ! C'est toi ?" J'ai demandé. Je ne sais pas pourquoi j'ai dit Jim plutôt que Jack.

"Je m'appelle Jack," répondit-il. Nous avons fait vite et les choses étaient beaucoup plus calmes.

"Le vieil homme t'a entendu siffler 'Nancy Lee' tout à l'heure," dis-je, "et il n'a pas aimé ça."

C'était comme s'il y avait une lumière blanche à l'intérieur de son visage, et c'était épouvantable. Je sais que ses dents claquaient. Mais il ne dit rien, et la minute suivante, il se trouvait quelque part dans le noir, essayant de retrouver son sou'wester au pied du mât.

Quand tout fut calme, et qu'il était en route , revenant et tombant de ses quatre pointes aussi régulièrement qu'un pendule, et que le gouvernail s'attaquât un peu sous le vent, le vieil homme se retourna de nouveau, et je parvins à allumer une pipe dans sous le vent du rouf, car il n'y avait plus rien à faire jusqu'à ce que le vent choisisse de se modérer, et le navire était aussi à l'aise qu'un bébé dans son berceau. Bien sûr , le cuisinier était descendu, comme il aurait pu le faire une heure plus tôt ; nous étions donc censés être quatre à faire le guet. Il y avait un homme à la vigie, et il y avait une main au volant, bien qu'il n'y ait pas de barre à faire, et j'avais ma pipe sous le vent du rouf, et le quatrième homme était quelque part sur les ponts, probablement en train de fumer aussi. Je pensais que certains skippers avec lesquels j'avais navigué auraient appelé le quart à l'arrière et leur auraient donné à boire après ce travail, mais il ne faisait pas froid et j'ai deviné que notre vieil homme ne serait pas particulièrement généreux de cette façon. Mes mains et mes pieds étaient brûlants, et il serait temps d'enfiler des vêtements secs quand ma montre serait en bas ; alors je suis resté là où j'étais et j'ai fumé. Mais peu à peu, les choses étant si calmes, je commençai à me demander pourquoi personne ne bougeait sur le pont ; juste cette sorte de désir agité de savoir où se trouve chaque homme, que l'on ressent parfois dans un coup de vent par une nuit sombre. Alors , quand j'eus fini ma pipe, je me mis à bouger. Je suis allé vers l'arrière, et il y avait un homme penché sur la barre, les jambes écartées, les deux mains pendantes dans la lumière de l'habitacle, et son sou'wester sur les yeux. Puis je m'avançai, et il y avait un homme à la vigie, le dos contre le mât de misaine, se mettant à l'abri autant qu'il pouvait de la trinquette. À sa petite taille, je savais qu'il ne faisait pas partie des garçons Benton. Ensuite, j'ai fait le tour du côté météo et j'ai fouillé dans l'obscurité, car je commençais à me demander où était l'autre homme. Mais je n'ai pas pu le trouver, même si j'ai fouillé les ponts jusqu'à ce que je sois à nouveau juste à l'arrière. C'était certainement l'un des garçons de Benton qui manquait, mais ce n'était pas comme ni l'un ni l'autre de descendre se changer par un temps aussi chaud. L'homme au volant était bien sûr l'autre. Je lui ai parlé.

"Jim, qu'est devenu ton frère ?"

"Je m'appelle Jack, monsieur."

"Eh bien, Jack, où est Jim ? Il n'est pas sur le pont."

"Je ne sais pas, monsieur."

Quand je m'étais approché de lui , il s'était levé par la force de son instinct et avait posé ses mains sur les rayons comme s'il dirigeait, bien que le volant soit attaché ; mais il baissait toujours son visage, et celui-ci était à moitié caché par le bord de son sou'wester, tandis qu'il semblait regarder la boussole. Il parlait à voix très basse, mais c'était naturel, car le capitaine avait laissé sa porte ouverte en rentrant, car la nuit était chaude malgré la tempête, et il n'y avait plus aucune crainte d'embarquer plus d'eau maintenant.

"Qu'est-ce qui t'a mis en tête de siffler comme ça, Jack ? Tu es en mer depuis assez longtemps pour savoir mieux."

Il a dit quelque chose, mais je n'ai pas pu entendre les mots ; on aurait dit qu'il niait l'accusation.

"Quelqu'un a sifflé", dis-je.

Il ne répondit pas, et puis, je ne sais pourquoi, peut-être parce que le vieux ne nous avait pas donné à boire, j'ai coupé d'un demi-pouce le bout de tabac que j'avais dans ma poche de ciré et je l'ai donné à lui. Il savait que mon tabac était bon et il le mit dans sa bouche avec un mot de remerciement. J'étais du côté météo de la roue.

"Avancez et voyez si vous pouvez trouver Jim", dis-je.

Il fit un petit pas, puis recula et passa derrière moi, et il longea le côté météo. Peut-être que son silence à propos du sifflement m'avait irrité, et qu'il prenait pour acquis que, parce que nous y étions et que la nuit était noire, il pouvait avancer comme bon lui semblait. Quoi qu'il en soit, je l'ai arrêté, même si j'ai parlé avec assez de bonhomie.

"Passez sous le vent, Jack," dis-je.

Il ne répondit pas, mais traversa le pont entre l'habitacle et le rouf du côté sous le vent. Elle ne faisait que tomber et se relever, et surfer sur la grosse mer aussi facilement que possible, mais l'homme n'était pas stable sur ses pieds et chancela contre le coin du rouf puis contre le bastingage sous le vent. J'étais sûr qu'il n'avait rien à boire, car aucun des deux frères n'était du genre à cacher du rhum à ses camarades de bord, s'ils en avaient, et les seuls spiritueux qui se trouvaient à bord étaient enfermés dans la cabine du capitaine. Je me demandais s'il avait été touché par le bloc de gorge et s'il avait été blessé.

J'ai laissé le volant et je suis parti à sa poursuite, mais quand j'ai atteint le coin du rouf, j'ai vu qu'il était en pleine course en avant, alors j'ai reculé. J'ai observé la boussole pendant un moment, pour voir jusqu'où elle s'éloignait, et elle a dû revenir une demi-douzaine de fois avant que j'entende des voix, plus de trois ou quatre, en avant ; et puis j'entendis la voix du petit cuisinier des Antilles, plus haute et plus aiguë que toutes les autres :

"Homme à la mer!"

Il n'y avait rien à faire, le navire étant en panne et la roue immobilisée. S'il y avait un homme à la mer, il devait être dans l'eau juste à côté. Je ne pouvais pas imaginer comment cela avait pu arriver, mais j'ai couru instinctivement. Je suis tombé sur le cuisinier en premier, à moitié vêtu de sa chemise et de son pantalon, au moment où il tombait de sa couchette. Il sautait dans le gréement principal, espérant visiblement apercevoir l'homme, comme si quelqu'un avait pu voir autre chose par une telle nuit, à l'exception des traînées d'écume sur l'eau noire, et de temps en temps les boucles d'une mer déferlante qui se brise. s'en alla sous le vent. Plusieurs hommes regardaient dans le noir par-dessus la rampe. J'ai attrapé le cuisinier par le pied et je lui ai demandé qui était parti.

"C'est Jim Benton", m'a-t-il crié. "Il n'est pas à bord de ce navire !"

Cela ne faisait aucun doute. Jim Benton était parti ; et j'ai su en un éclair qu'il avait été emporté par cette mer alors que nous mettions en place la voile d'essai de tempête. Cela faisait presque une demi-heure depuis ; elle avait couru comme une folle pendant quelques minutes jusqu'à ce que nous trouvions son refuge, et aucun nageur ayant jamais nagé n'aurait pu vivre aussi longtemps dans une telle mer. Les hommes le savaient aussi bien que moi, mais ils regardaient quand même dans l'écume comme s'ils avaient la moindre chance de voir l'homme perdu. J'ai laissé le cuisinier monter dans le gréement, j'ai rejoint les hommes et je leur ai demandé s'ils avaient fait une fouille approfondie à bord, même si je savais qu'ils l'avaient fait et que cela ne pouvait pas durer longtemps, car il n'était pas sur le pont et il n'y avait que le gaillard d'avant ci-dessous.

"Cette mer l'a envahi, monsieur, aussi sûrement que vous êtes né", a déclaré l'un des hommes à côté de moi.

Bien sûr, nous n'avions aucun bateau qui aurait pu vivre dans cette mer, et nous le savions tous. J'ai proposé d'en mettre un et de le laisser dériver vers l'arrière sur deux ou trois encablures par une ligne, si les hommes pensaient pouvoir me remonter à bord ; mais aucun d'eux n'a voulu écouter cela, et j'aurais probablement été noyé si je l'avais essayé, même avec une bouée de sauvetage ; car c'était une mer déferlante. D'ailleurs, ils savaient tous aussi bien que moi que cet homme ne pouvait pas être dans notre sillage. Je ne sais pas pourquoi j'ai encore parlé. "Jack Benton, es-tu là ? Veux-tu y aller si je le fais ?"

"Non, monsieur", répondit une voix; et c'était tout.

À ce moment-là, le vieil homme était sur le pont et je sentis sa main sur mon épaule assez brutalement, comme s'il voulait me secouer.

"Je pensais que vous aviez plus de bon sens, M. Torkeldsen ", dit-il. "Dieu sait que je risquerais mon navire pour le chercher, si cela pouvait servir à quelque chose ; mais il a dû partir il y a une demi-heure."

C'était un homme calme, et les hommes savaient qu'il avait raison et qu'ils avaient fini de voir Jim Benton lorsqu'ils tendaient la voile d'essai — si quelqu'un l'avait vu alors. Le capitaine redescendit, et pendant quelque temps les hommes restèrent autour de Jack, tout près de lui, sans rien dire, comme font les marins lorsqu'ils ont pitié d'un homme et ne peuvent l'aider ; puis le quart d'en bas s'est rétabli, et nous étions trois sur le pont.

Personne ne peut comprendre qu'il puisse y avoir beaucoup de consolation dans un enterrement, à moins d'avoir ressenti ce sentiment de vide qu'on ressent lorsqu'un homme que tout le monde aime est allé par-dessus bord. Je suppose que les terriens pensent que ce serait plus facile s'ils n'avaient pas à enterrer leurs pères, leurs mères et leurs amis ; mais ce ne serait pas le cas.

D'une manière ou d'une autre, les funérailles entretiennent l'idée de quelque chose au-delà. Vous pouvez quand même croire à cette chose ; mais un homme qui est allé dans l'obscurité, entre deux mers, sans un cri, semble bien plus hors de portée que s'il était encore étendu sur son lit et viendrait à peine de cesser de respirer. Peut-être que Jim Benton le savait et voulait revenir vers nous. Je ne sais pas, et je vous raconte seulement ce qui s'est passé, et vous pouvez penser ce que vous voulez.

Jack est resté au volant cette nuit-là jusqu'à la fin du quart. Je ne sais pas s'il a dormi après, mais quand je suis arrivé sur le pont quatre heures plus tard, il était de nouveau là, dans ses cirés, avec son sou'wester sur les yeux, regardant l'habitacle. Nous avons vu qu'il préférait rester là et nous l'avons laissé tranquille. Peut-être que c'était une certaine consolation pour lui d'avoir ce rayon de lumière alors que tout était si sombre. Il commença à pleuvoir aussi, comme il arrive quand un vent du sud va se briser, et nous embarquâmes tous les seaux et toutes les cuves et les plaçâmes sous les estacades pour récupérer l'eau fraîche nécessaire à la lessive de nos vêtements. La pluie l'a rendu très épais et je suis allé me tenir sous le vent de la trinquette, regardant dehors. Je voyais que le jour se levait, car l'écume était plus blanche dans l'obscurité là où les vagues montaient, et peu à peu la pluie noire devenait grise et vaporeuse, et je ne pouvais pas voir l'éclat rouge du feu de bâbord sur l'eau quand elle est partie et a roulé sous le vent. Le vent s'était considérablement atténué, et dans une heure nous devrions être de nouveau en route. J'étais toujours là lorsque Jack Benton s'est avancé. Il resta immobile quelques minutes près de moi. La pluie tombait en nappe solide et je pouvais voir sa barbe mouillée et un coin de sa joue aussi, gris à l'aube. Puis il se baissa et commença à tâter sous l'ancre à la recherche de sa pipe. Nous n'avions pratiquement pas transporté d'eau, et je suppose qu'il avait un moyen de rentrer le tuyau pour que la pluie ne l'emporte pas. Bientôt, il se releva et je vis qu'il avait deux pipes à la main. L'un d'eux avait appartenu à son frère, et après les avoir regardés un moment, je suppose qu'il a reconnu le sien, car il l'a mis dans sa bouche, ruisselant d'eau. Puis il regarda l'autre pendant une bonne minute sans bouger. Lorsqu'il eut pris sa décision, je suppose, il la jeta doucement par-dessus le bastingage sous le vent, sans même se retourner pour voir si je l'observais. J'ai trouvé que c'était dommage, car c'était une bonne pipe en bois, avec une virole en nickel, et quelqu'un aurait été content de l'avoir. Mais je n'aimais faire aucune remarque, car il avait le droit de faire ce qu'il voulait de ce qui avait appartenu à son frère décédé. Il souffla l'eau de sa propre pipe et la sécha contre sa veste, mettant la main dans son ciré ; il le remplit, se plaçant sous le vent du mât de misaine, alluma le feu après avoir gaspillé deux ou trois allumettes, et retourna la pipe entre ses dents, pour empêcher la pluie de pénétrer dans le bol. Je ne sais pas pourquoi j'ai remarqué tout ce qu'il faisait, et je m'en souviens maintenant ; mais d'une manière ou d'une autre , je me sentais désolé pour lui et je me demandais si je pouvais dire quelque chose qui l'aiderait à se sentir mieux. Mais je ne pensais à rien, et comme il faisait grand jour, je repartis vers l'arrière, car je devinais que le vieil homme ne tarderait pas à arriver et à ordonner de mettre la fessée et de relever le gouvernail. Mais il n'est arrivé qu'à sept cloches, juste au moment où les nuages se brisaient et montraient le ciel bleu sous le vent, « le baromètre des Français », comme vous l'appeliez.

Certaines personnes ne semblent pas aussi mortes, quand elles sont mortes, que d'autres. Jim Benton était comme ça. Il avait été sous ma surveillance et je n'arrivais pas à m'habituer à l'idée qu'il ne s'occupait pas de decks avec moi. Je m'attendais toujours à le voir, et son frère lui ressemblait si exactement que j'avais souvent l'impression de le voir et d'oublier qu'il était mort, et de commettre l'erreur d'appeler Jack par son nom ; même si j'ai essayé de ne pas le faire, parce que je savais que ça devait faire mal. Si jamais Jack avait été le plus joyeux des deux, comme je l'avais toujours supposé, il avait beaucoup changé, car il était devenu plus silencieux que Jim ne l'avait jamais été.

Un bel après-midi, j'étais assis sur l'écoutille principale, en train de réviser le mécanisme d'horlogerie du rondin de bois, qui n'avait pas très bien enregistré ces derniers temps, et j'avais demandé au cuisinier de m'apporter une tasse à café pour contenir le de petites vis au fur et à mesure que je les retirais, et une soucoupe pour l'huile de sperme que j'allais utiliser. J'ai remarqué qu'il ne s'en allait pas, mais qu'il restait là sans vraiment regarder ce que je faisais, comme s'il voulait me dire quelque chose. Je pensais que si cela valait beaucoup , il le dirait de toute façon, alors je ne lui ai pas posé de questions ; et bien sûr, il commença de son propre chef peu de temps après. Il n'y avait personne sur le pont, à part l'homme au volant et l'autre homme à l'avant.

"M. Torkeldsen ", commença le cuisinier, puis s'arrêta.

Je supposais qu'il allait me demander de laisser la montre casser un tonneau de farine ou un cheval de sel.

"Eh bien, docteur ?" Ai-je demandé, car il n'a pas continué.

"Eh bien, M. Torkeldsen ," répondit-il, "je veux en quelque sorte vous demander si vous pensez que je donne satisfaction sur ce navire, ou non ?"

"Autant que je sache, vous l'êtes, docteur. Je n'ai entendu aucune plainte du gaillard d'avant, et le capitaine n'a rien dit, et je pense que vous connaissez votre affaire, et le mousse est en train de se déshabiller. Cela donne l'impression que vous donnez satisfaction. Qu'est-ce qui vous fait penser que vous ne l'êtes pas ? »

Je ne suis pas doué pour vous faire croire que les Antilles parlent, et je n'essaierai pas ; mais le médecin a tourné autour du pot pendant un moment, puis il m'a dit qu'il pensait que les hommes commençaient à lui jouer des tours, et qu'il n'aimait pas cela, qu'il pensait qu'il ne l'avait pas mérité et qu'il aimerait être libéré à notre prochain port. Je lui ai dit qu'il était vraiment fou, bien sûr, pour commencer ; et que les hommes étaient plus enclins à tenter une plaisanterie avec un type qu'ils aimaient qu'avec quelqu'un dont ils voulaient se débarrasser ; à moins que ce ne soit une mauvaise blague, comme inonder sa couchette ou remplir ses bottes de goudron. Mais ce n'était pas ce genre de plaisanterie. Le médecin a dit que les hommes essayaient de lui faire peur, que cela ne lui plaisait pas et qu'ils lui mettaient sur la route des choses qui l'effrayaient. Alors je lui ai dit qu'il était vraiment idiot d'avoir peur, de toute façon, et je voulais savoir ce qu'ils lui mettaient sur le chemin. Il m'a donné une réponse étrange. Il a dit que c'étaient des cuillères et des fourchettes, et des assiettes bizarres, et une tasse de temps en temps, et des choses semblables.

Je déposai le rondin de bois sur le morceau de toile que j'avais mis dessous et regardai le docteur. Il était inquiet, ses yeux avaient une sorte de chasse et son visage jaune paraissait gris. Il n'essayait pas de créer des ennuis. Il était en difficulté. Alors je lui ai posé des questions.

Il a dit qu'il pouvait compter aussi bien que n'importe qui et faire des additions sans utiliser ses doigts, mais que lorsqu'il ne pouvait pas compter autrement, il utilisait ses doigts, et le résultat était toujours le même. Il a dit que lorsque lui et le mousse étaient partis après les repas des hommes, il y avait plus de choses à laver qu'il n'en avait distribué. Il y avait une fourchette en plus, ou il y avait une cuillère en plus, et parfois il y avait une cuillère et une fourchette, et il y avait toujours une assiette en plus. Ce n'est pas qu'il s'en plaignait. Avant que le pauvre Jim Benton ne disparaisse , ils avaient un homme à nourrir de plus et ses affaires à laver après les repas, et c'était dans le contrat, a déclaré le médecin. Cela l'aurait été s'il y avait eu vingt personnes à bord du navire ; mais il ne pensait pas que ce soit juste que les hommes jouent de tels tours. Il gardait ses affaires en bon état, il les comptait, et il en était responsable, et il n'était pas juste que les hommes prennent plus de choses que ce dont ils avaient besoin quand il avait le dos tourné, et se contentaient de les salir et de les mélanger. avec les leurs, afin de le faire réfléchir :

Il s'est arrêté là et m'a regardé, et je l'ai regardé. Je ne savais pas ce qu'il pensait, mais j'ai commencé à deviner. Je n'allais pas commettre de telles bêtises, alors je lui ai dit de parler lui-même aux hommes et de ne pas venir me déranger avec de telles choses.

" Comptez les assiettes, les fourchettes et les cuillères devant eux quand ils se mettent à table, et dites-leur que c'est tout ce qu'ils auront ; et quand ils auront fini, comptez à nouveau les choses, et si le compte n'est pas correct, découvrez qui. Vous savez que ce doit être l'un d'entre eux. Vous n'êtes pas une main verte, vous allez en mer depuis dix ou onze ans et vous ne voulez pas de leçon sur la façon de vous comporter si les garçons vous jouent un tour. toi."

"Si je pouvais l'attraper", dit le cuisinier, "je lui planterais un couteau avant qu'il puisse dire ses prières."

Ces Antillais parlent toujours de couteaux, surtout quand ils ont très peur. Je comprenais ce qu'il voulait dire et je ne lui ai pas demandé, mais j'ai continué à nettoyer les roues dentées en laiton du journal breveté et à huiler les roulements avec une plume. « Ne vaudrait-il pas mieux le laver à l'eau bouillante, monsieur ? demanda le cuisinier d'un ton insinuant. Il savait qu'il s'était ridiculisé et il avait hâte de se rattraper à nouveau.

Je n'ai plus entendu parler de certains plateaux et équipements pendant deux ou trois jours, même si j'ai beaucoup réfléchi à son histoire. Le médecin croyait visiblement que Jim Benton était revenu, même s'il n'aimait pas vraiment le dire. Son histoire avait paru assez ridicule par un après-midi clair, par beau temps, quand le soleil était sur l'eau, que chaque chiffon était emporté par la brise et que la mer paraissait aussi agréable et inoffensive qu'un chat qui vient de manger un canari. Mais quand arriva la fin de la première veille, et que la lune décroissante n'était pas encore levée, que l'eau était comme de l'huile immobile, et que les focs pendaient à plat et sans défense comme les ailes d'un oiseau mort, ce n'était pas le moment. pareil alors. Plus d'une fois, je me suis alors mis en route et j'ai regardé autour de moi lorsqu'un poisson sautait, m'attendant à voir un visage sortir de l'eau, les yeux fermés. Je pense que nous avons tous ressenti quelque chose comme ça à ce moment-là.

Un après-midi, nous mettions un nouveau service sur le fanion d'écoute de foc. Ce n'était pas ma montre, mais j'étais là à regarder. A ce moment Jack Benton surgit d'en bas et alla chercher sa pipe sous l'ancre. Son visage était dur et tiré, et ses yeux étaient froids comme des billes d'acier. Il ne parlait presque plus maintenant, mais il faisait son devoir comme d'habitude, et personne n'avait à se plaindre de lui, même si nous commencions tous à nous demander combien de temps allait durer ainsi son chagrin pour son frère décédé. Je l'ai regardé s'accroupir et j'ai passé sa main dans la cachette de la pipe. Lorsqu'il se leva, il avait deux pipes à la main.

Or, je me souviens très bien de l'avoir vu jeter une de ces pipes, tôt le matin, après le coup de vent ; et cela m'est venu à l'esprit maintenant, et je ne pensais pas qu'il en gardait un stock sous l'ancre. J'aperçus son visage, d'un blanc verdâtre, comme l'écume des eaux peu profondes, et il resta longtemps à regarder les deux tuyaux. Il ne regardait pas laquelle était la sienne, car je n'étais pas à cinq mètres de lui lorsqu'il se tenait debout, et une de ces pipes avait été fumée ce jour-là et brillait à l'endroit où sa main l'avait frottée, et l'embout en os était irrité blanc là où ses dents l'avaient mordu. L'autre était gorgé d'eau. Il était gonflé et craquelé par l'humidité, et il me semblait qu'il y avait une petite herbe verte dessus.

Jack Benton a tourné la tête plutôt furtivement alors que je détournais le regard, puis il a caché l'objet dans la poche de son pantalon et est parti vers l'arrière du côté sous le vent, hors de vue. Les hommes avaient tendu le fanion d'écoute pour le servir, mais je me suis esquivé en dessous et je me suis tenu là où je pouvais voir ce que faisait Jack, juste sous la voile d'avant. Il ne me voyait pas et il cherchait quelque chose. Sa main trembla lorsqu'il ramassa un morceau de tige de fer à moitié courbée, longue d'environ un pied, qui avait servi à tourner un boulon à œil et qui avait été laissée sur l'écoutille principale. Sa main trembla lorsqu'il sortit un morceau de marline de sa poche et attacha le tuyau gorgé d'eau au fer. Il n'avait pas non plus l'intention de partir à la dérive, car il prenait son tour avec précaution, les tendait puis les chevauchait de manière à ce qu'ils ne puissent pas glisser, et attachait l'extrémité avec deux demi-attaches autour du fer. et l'a rattaché à lui-même. Puis il l'a essayé avec ses mains, a regardé furtivement de haut en bas sur le pont, puis a doucement laissé tomber le tuyau et le fer par-dessus le rail, de sorte que je n'ai même pas entendu le clapotis. Si quelqu'un jouait des tours à bord, ce n'était pas destiné au cuisinier.

J'ai posé quelques questions sur Jack Benton, et l'un des hommes m'a dit qu'il ne mangeait plus, qu'il mangeait presque rien, qu'il avalait tout le café qu'il pouvait trouver, qu'il avait épuisé tout son tabac et qu'il avait commencé à fumer. sur ce que son frère avait laissé.

"Le médecin dit que ce n'est pas vrai, monsieur", dit l'homme en me regardant timidement, comme s'il ne s'attendait pas à être cru ; "Le médecin dit qu'on a mangé autant de petit-déjeuner en petit-déjeuner qu'avant que Jim ne tombe par-dessus bord, bien qu'il y ait une bouche en moins et une autre qui ne mange rien. Je dis que c'est le mousse qui comprend. Il est en train de s'éclater ."

Je lui ai dit que si le mousse mangeait plus que sa part, il devait travailler plus que sa part, afin d'équilibrer les choses. Mais l'homme rit bizarrement et me regarda de nouveau.

"J'ai seulement dit ça, monsieur, juste comme ça. Nous savons tous que ce n'est pas le cas."

"Eh bien, comment ça va ?"

"Comment c'est?" » demanda l'homme, à moitié en colère tout à coup. "Je ne sais pas comment ça se passe, mais il y a une main à bord qui se bat contre nous aussi régulièrement que les cloches."

"Est-ce qu'il consomme du tabac ?" Ai-je demandé, avec l'intention d'en rire, mais pendant que je parlais , je me suis souvenu du tuyau gorgé d'eau.

"Je suppose qu'il utilise son propre alambic", répondit l'homme d'une voix étrange et basse. "Peut-être qu'il prendra celui de quelqu'un d'autre quand le sien sera parti."

Il était environ neuf heures du matin, je me souviens, car à ce moment-là le capitaine m'a appelé pour que je me place près du chronomètre pendant qu'il faisait son observation préalable. Le capitaine Hackstaff n'était pas un de ces vieux capitaines qui font tout eux-mêmes avec une montre à gousset, qui gardent la clé du chronomètre dans la poche de leur gilet et qui ne disent pas à leur second jusqu'où se trouve l'estime. Il était plutôt dans l'autre sens, et j'en étais content, car il me laissait généralement travailler les vues qu'il prenait, et se contentait ensuite de jeter un œil sur mes chiffres. Je dois dire que son œil était plutôt bon, car il remarquait une erreur dans un logarithme, ou me disait que j'avais travaillé l'équation du temps avec le mauvais signe, avant qu'il ne me semble qu'il aurait pu comprendre. jusqu'à « la moitié de la somme, moins l'altitude ». Il avait toujours raison aussi, et en plus, il en savait beaucoup sur les navires de fer, les déviations locales, le réglage de la boussole, et tout ce genre de choses. Je ne sais pas comment il en est arrivé à commander une goélette longitudinale. Il ne parlait jamais de lui, et peut-être venait-il d'être second sur un de ces gros gréements carrés en acier, et quelque chose l'avait fait reculer. Peut-être qu'il avait été capitaine et avait fait échouer son navire, sans que ce soit sa faute particulière, et qu'il avait dû recommencer. Parfois, il parlait comme vous et moi, et parfois il parlait davantage comme le font les livres, ou comme certains de ces gens de Boston que j'ai entendus. Je ne sais pas. Nous avons tous été camarades de temps en temps avec des hommes qui ont connu des jours meilleurs. Peut-être qu'il avait été dans la Marine, mais ce qui me fait penser qu'il ne pouvait pas l'être, c'est qu'il était un excellent marin, un bon vieux coupe-vent et qu'il comprenait la voile, ce que font rarement ces types de la Marine. Eh bien, vous et moi avons navigué avec des hommes devant le mât qui avaient leurs brevets de capitaine en poche, des certificats du Board of Trade anglais aussi, qui pourraient atteindre une double altitude si vous leur prêtiez un sextant et leur jetiez un coup d'œil. le chronomètre, ainsi que de nombreux hommes qui commandent un gros gréeur carré. La navigation n'est pas tout, pas plus que le matelotage. Vous devez l'avoir en vous, si vous voulez y arriver.

Je ne sais pas comment notre capitaine a entendu qu'il y avait des problèmes à l'avant. Il se peut que le garçon de cabine le lui ait dit, ou que les hommes aient parlé devant sa porte lorsqu'ils relevaient le gouvernail la nuit. Quoi qu'il en soit, il en a eu vent, et quand il a recouvré la vue ce matin- là , il avait tout le monde derrière et leur a fait une conférence. C'était exactement le genre de discours qu'on aurait pu attendre de sa part. Il a dit qu'il n'avait aucune plainte à formuler et qu'à sa connaissance, tout le monde à bord faisait son devoir, et qu'on lui avait fait comprendre que les hommes avaient pris leur coup et étaient satisfaits. Il a dit que son navire n'avait jamais été un navire dur et qu'il aimait le silence, et que c'était la raison pour laquelle il ne voulait pas dire de bêtises, et les hommes pourraient tout aussi bien le comprendre aussi. Nous avions eu un grand malheur, dit-il, et ce n'était la faute de personne. Nous avions perdu un homme que nous aimions et respections tous, et il estimait que tout le monde à bord du navire devrait être désolé pour le frère de cet homme, qui a été laissé derrière lui, et que c'était une puérilité pourrie, injuste, peu virile et lâche d'être jouer des tours d'écolier avec des fourchettes, des cuillères, des pipes, et ce genre d'équipement. Il a dit que cela devait s'arrêter maintenant, et c'était tout, et que les hommes pouvaient continuer. Et c'est ce qu'ils ont fait.

La situation a empiré par la suite, et les hommes surveillaient le cuisinier, et le cuisinier surveillait les hommes, comme s'ils essayaient de se rattraper ; mais je pense que tout le monde sentait qu'il y avait autre chose. Un soir, à l'heure du souper, j'étais sur le pont, et Jack vint à l'arrière pour relever le volant pendant que l'homme qui dirigeait prenait son souper. Il n'avait pas dépassé l'écoutille principale du côté sous le vent, lorsque j'entendis un homme courir en pantoufles qui claquaient sur le pont, et il y eut une sorte de cri et je vis le cuisinier de couleur se diriger vers Jack, avec une sculpture. -couteau à la main. J'ai sauté pour me mettre entre eux, et Jack s'est retourné brusquement et a tendu la main. J'étais trop loin pour les atteindre et le cuisinier a frappé avec son couteau. Mais la lame ne s'est pas approchée de Benton. Le cuisinier semblait le lancer en l'air encore et encore, à au moins quatre pieds du but. Puis il a laissé tomber sa main droite, et j'ai vu le blanc de ses yeux dans le crépuscule, et il a chancelé contre le rail à épingles et a saisi une goupille d'assurage avec sa gauche. À ce moment-là, je l'avais atteint et je saisis sa main couteau et l'autre aussi, car je pensais qu'il allait utiliser l'épingle ; mais Jack Benton le regardait bêtement, comme s'il ne comprenait pas. Mais au lieu de cela, le cuisinier s'accrochait parce qu'il ne pouvait pas se tenir debout, et ses dents claquaient, et il lâcha le couteau, et la pointe s'enfonça dans le pont.

"Il est fou!" » dit Jack Benton, et c'est tout ce qu'il dit ; et il est parti.

Quand il fut parti, le cuisinier commença à reprendre ses esprits et il parla tout bas, près de mon oreille.

"Ils étaient deux ! Alors mon Dieu, ils étaient deux !"

Je ne sais pas pourquoi je ne l'ai pas pris par le col et ne l'ai pas bien secoué ; mais je ne l'ai pas fait. J'ai simplement ramassé le couteau, je le lui ai donné et je lui ai dit de retourner à sa galère et de ne pas se ridiculiser. Vous voyez, il n'avait pas frappé Jack, mais quelque chose qu'il croyait voir, et je savais ce que c'était, et j'ai ressenti la même chose, comme un morceau de glace glissant le long de mon dos, que j'ai ressenti cette nuit-là quand nous avons frappé. pliaient la voile d'essai.

Quand les hommes l'eurent vu courir vers l'arrière, ils se jetèrent derrière lui, mais ils résistèrent lorsqu'ils virent que je l'avais rattrapé. Peu à peu, l'homme qui m'avait parlé auparavant m'a raconté ce qui s'était passé. C'était un petit gars trapu, aux cheveux roux.

"Eh bien," dit-il, "il n'y a pas grand chose à dire. Jack Benton avait dîné avec nous tous. Il s'assoit toujours au coin arrière de la table, à bâbord. Son frère avait l'habitude de s'asseoir à la fin, à côté de lui. Le médecin lui donna pour finir un gros morceau de tarte tonitruant, et quand il eut fini , il ne s'arrêta pas pour fumer, mais s'en alla rapidement pour soulager le volant. , le docteur arriva de la cuisine, et quand il vit l'assiette vide de Jack , il resta immobile à la regarder ; et nous nous demandâmes tous ce qu'il y avait, jusqu'à ce que nous regardions l'assiette. Il y avait deux fourchettes dedans, monsieur, couchées. côte à côte. Ensuite, le médecin a saisi son couteau et s'est envolé par la trappe comme une fusée. L'autre fourchette était bien là, M. Torkeldsen , car nous l'avons tous vue et manipulée ; et nous avions tous la nôtre. C'est tout ce que je sais."

Je n'avais pas envie de rire quand il m'a raconté cette histoire ; mais j'espérais que le vieil homme ne l'entendrait pas, car je savais qu'il ne le croirait pas, et aucun capitaine ayant jamais navigué n'aime entendre de telles histoires circuler autour de son navire. Cela lui donne une mauvaise réputation. Mais c'est tout ce que tout le monde a jamais vu, à l'exception du cuisinier, et il n'est pas le premier homme à croire avoir vu des choses sans boire. Je pense que si le médecin avait été faible d'esprit comme il l'a été par la suite, il aurait pu encore faire quelque chose de stupide et il aurait pu y avoir de sérieux problèmes. Mais il ne l'a pas fait. Seulement, deux ou trois fois, je l'ai vu regarder Jack Benton d'un air étrange et effrayé, et une fois, je l'ai entendu parler tout seul.

"Il y en a deux ! Alors aide-moi mon Dieu, il y en a deux !"

Il n'a rien dit de plus sur la question de sa libération, mais je savais bien que s'il débarquait au prochain port , nous ne le reverrions plus jamais, s'il devait laisser son matériel derrière lui et son argent aussi. Il a eu peur tout le temps, pour de bon et tout ; et il n'aurait plus raison jusqu'à ce qu'il ait un autre navire. Cela ne sert à rien de parler à un homme quand il est dans cet état, pas plus que d'envoyer un garçon au camion principal quand il a perdu son sang-froid.

Jack Benton n'a jamais parlé de ce qui s'est passé ce soir-là. Je ne sais pas s'il était au courant pour les deux fourchettes ou non ; ou s'il comprenait quel était le problème. Quoi qu'il sache des autres hommes, il vivait manifestement sous une forte pression. Il était assez silencieux, et trop silencieux ; mais son visage était figé, et parfois il se contractait bizarrement quand il était au volant, et il tournait brusquement la tête pour regarder derrière lui. Un homme ne fait pas cela naturellement, à moins qu'il n'y ait un vaisseau qui, à son avis, se rapproche du quartier. Lorsque cela se produit, si l'homme au volant est fier de son navire, il continuera presque toujours à regarder par-dessus son épaule pour voir si l'autre homme gagne. Mais Jack Benton avait l'habitude de regarder autour de lui quand il n'y avait rien ; et ce qui est curieux, c'est que les autres hommes semblaient comprendre le truc lorsqu'ils dirigeaient. Un jour, le vieil homme arriva au moment où l'homme au volant regardait derrière lui.

"Qu'est ce que tu regardes?" demanda le capitaine.

"Rien, monsieur", répondit l'homme.

"Alors gardez un œil sur l'artimon-royal", dit le vieil homme, comme s'il oubliait que nous n'étions pas un gréement carré.

"Oui, oui, monsieur", dit l'homme.

Le capitaine m'a dit de descendre et de remonter la latitude à l'estime, et il s'est avancé vers le rouf et s'est assis pour lire, comme il le faisait souvent. Quand je suis arrivé, l'homme au volant regardait de nouveau autour de lui, et je me suis tenu à côté de lui et je lui ai demandé doucement ce que tout le monde regardait, car cela commençait à devenir une habitude générale. Il n'a rien dit au début, mais a simplement répondu que ce n'était rien. Mais quand il a vu que je ne semblais pas m'en soucier et que je restais là comme s'il n'y avait plus rien à dire, il a naturellement commencé à parler.

Il a dit que ce n'était pas qu'il avait vu quoi que ce soit, parce qu'il n'y avait rien à voir à part l'écoute de fessée qui se tendait juste un peu et qui travaillait dans les gerbes de blocs alors que la goélette montait vers la mer courte. On ne voyait rien, mais il lui semblait que le drap faisait un drôle de bruit dans les blocs. C'était une nouvelle feuille de papier cartonné ; et par temps sec, il faisait un petit bruit, quelque chose entre un craquement et une respiration sifflante. Je l'ai regardé et j'ai regardé l'homme, sans rien dire ; et bientôt il continua. Il m'a demandé si je n'avais rien remarqué de particulier dans le bruit. J'ai écouté un moment et j'ai dit que je n'avais rien remarqué. Puis il eut l'air plutôt penaud, mais dit qu'il ne pensait pas que cela pouvait être ses propres oreilles, parce que chaque homme qui dirigeait son tour entendait la même chose de temps en temps , - parfois une fois par jour, parfois une fois par nuit, parfois il durerait une heure entière.

"Cela ressemble à scier du bois", dis-je, juste comme ça.

"Pour nous, cela ressemble beaucoup plus à un homme sifflant 'Nancy Lee'." commença-t-il nerveusement en prononçant les derniers mots. "Voilà, monsieur, vous ne l'entendez pas ?" » demanda-t-il soudain.

Je n'entendais rien d'autre que le craquement de la feuille de papier manille. Il approchait de midi et le temps était beau et clair dans les eaux du sud, exactement le genre de jour et l'heure où l'on s'attendrait le moins à se sentir effrayant. Mais je me suis souvenu que j'avais entendu ce même air au-dessus de moi la nuit, dans un coup de vent, quinze jours plus tôt, et je n'ai pas honte de dire que la même sensation m'envahissait maintenant, et je souhaitais bien sortir du *Helen B.* , et à bord de n'importe quel vieux cargo, avec un moulin à vent sur le pont, et un quatre-vingt-neuf quarante-huit pour capitaine, et une nouvelle fuite chaque fois qu'il y a du vent.

Petit à petit, au cours des jours suivants, la vie à bord de ce navire est devenue aussi insupportable qu'on peut l'imaginer. Ce n'était pas qu'on parlait beaucoup, car je pense que les hommes étaient même gênés de se parler librement de ce qu'ils pensaient. L'équipage tout entier se tut, jusqu'à ce qu'on n'entende presque plus de voix, sauf celle de donner un ordre et de répondre. Les hommes ne prenaient pas leurs repas lorsque leur montre était en bas, mais se rendaient immédiatement ou restaient assis sur le gaillard d'avant en fumant leur pipe sans dire un mot. Nous pensions tous à la même chose. Nous avions tous l'impression qu'il y avait une main à bord, parfois en bas, parfois sur les ponts, parfois en haut, parfois à l'extrémité de la bôme ; prenant sa pleine part de ce que les autres recevaient, mais ne faisant aucun travail en échange. Nous ne l'avons pas seulement ressenti, nous le savions. Il ne prenait pas de place, ne projetait aucune ombre et nous n'entendions jamais ses pas sur le pont ; mais il frappa les autres aussi régulièrement que les cloches, et… il siffla « Nancy Lee ». C'était comme le pire rêve que l'on puisse imaginer ; et j'ose dire que bon nombre d'entre nous essayaient parfois de croire que ce n'était rien d'autre, quand nous regardions par-dessus le bastingage par beau temps, avec la brise au visage ; mais s'il nous arrivait de nous retourner et de nous regarder dans les yeux, nous savions que c'était quelque chose de pire que n'importe quel rêve ; et nous nous détournions l'un de l'autre avec un sentiment étrange et malade, souhaitant pouvoir, juste pour une fois, voir quelqu'un qui ne savait pas ce que nous savions.

Il n'y a pas grand chose de plus à dire sur *Helen B. Jackson* en ce qui me concerne. Nous ressemblions plus à un bateau rempli de fous qu'autre chose lorsque nous sommes arrivés sous le château de Morro et avons jeté l'ancre à La Havane. Le cuisinier avait une fièvre cérébrale et était fou de délire ; et le reste des hommes n'était pas loin du même état. Les trois ou quatre derniers jours ont été horribles et nous avons été aussi près d'une mutinerie à bord que je l'aurais jamais souhaité. Les hommes ne voulaient blesser personne ; mais ils voulaient s'éloigner de ce navire, s'ils devaient nager pour l'atteindre ; pour échapper à ce sifflement, à ce camarade mort qui était revenu et qui remplissait le navire de sa personne invisible. Je sais que si le vieil homme et moi n'avions pas fait une vigie attentive, les hommes auraient fait naviguer tranquillement un bateau par une de ces nuits calmes et se seraient éloignés, laissant le capitaine, moi et le cuisinier fou faire avancer la goélette. port . Nous aurions dû le faire d'une manière ou d'une autre, bien sûr, car nous n'avions pas loin à parcourir si nous pouvions trouver une brise ; et une ou deux fois, je me suis surpris à souhaiter que l'équipage soit vraiment parti, car l'horrible état de peur dans lequel ils vivaient commençait à avoir des effets sur moi aussi. Vous voyez, j'ai en partie cru et en partie non

; mais de toute façon, je n'avais pas l'intention de laisser cette chose prendre le dessus sur moi, quoi qu'il en soit. Je suis devenu croustillant aussi et j'ai gardé les hommes au travail sur toutes sortes de travaux, et je les ai conduits jusqu'à ce qu'ils souhaitent que je sois aussi par-dessus bord. Ce n'était pas que le vieil homme et moi essayions de les conduire à la désertion sans leur salaire, comme je suis désolé de le dire, même maintenant, bon nombre de capitaines et de compagnons. Le capitaine Hackstaff était droit comme un fil, et je ne voulais pas dire que ces pauvres gens devaient se faire escroquer d'un seul centime ; et je ne leur reprochais pas de vouloir quitter le navire, mais il me semblait que la seule chance de garder tout le monde sain d'esprit pendant ces derniers jours était de faire travailler les hommes jusqu'à ce qu'ils tombent. Quand ils étaient morts de fatigue , ils dormaient un peu et oubliaient la chose jusqu'à ce qu'ils soient obligés de dégringoler sur le pont et d'y faire face à nouveau. C'était il y a de nombreuses années. Croyez-vous que je ne peux pas entendre "Nancy Lee" maintenant, sans avoir froid dans le dos ? Car je l'entendais aussi de temps en temps, après que l'homme eut expliqué pourquoi il regardait toujours par-dessus son épaule. C'était peut-être de l'imagination. Je ne sais pas. Quand je regarde en arrière, il me semble que je me souviens seulement d'un long combat contre quelque chose que je ne pouvais pas voir, contre une présence épouvantable, contre quelque chose de pire que le choléra, le Yellow Jack ou la peste - et Dieu sait que le plus léger d'entre eux est déjà assez grave. quand il éclate en mer. Les hommes étaient devenus blancs comme de la craie et ne se promenaient pas seuls sur le pont la nuit, quoi que je leur dise. Avec le cuisinier délirant dans sa couchette, le gaillard d'avant aurait été un véritable enfer, et il n'y avait pas de cabine libre à bord. Il n'y a jamais d' avant -après. Alors je l'ai mis dans le mien, et il y était plus tranquille, et il est finalement tombé dans une sorte de stupeur comme s'il allait mourir. Je ne sais pas ce qu'il est devenu, car nous l'avons débarqué vivant et l'avons laissé à l'hôpital.

Les hommes arrivèrent en groupe, assez tranquillement, et demandèrent au capitaine s'il ne voulait pas les payer et les laisser descendre à terre. Certains hommes ne l'auraient pas fait, car ils avaient embarqué pour le voyage et signé des articles. Mais le capitaine savait que quand les marins ont une idée en tête , ils ne valent pas mieux que des enfants ; et s'il les forçait à rester à bord, il n'en tirerait pas beaucoup de travail et ne pouvait pas compter sur eux en cas de difficulté. Alors il les a payés et les a laissés partir. Lorsqu'ils furent allés chercher leurs kits, il me demanda si je voulais y aller aussi, et pendant un instant j'eus une sorte de faible sentiment que c'était aussi bien. Mais je ne l'ai pas fait, et il est devenu un bon ami pour moi par la suite. Peut-être m'était-il reconnaissant de rester fidèle à lui.

Quand les hommes sont partis, il n'est pas monté sur le pont ; mais c'était mon devoir de rester là pendant qu'ils quittaient le navire. Ils m'en voulaient de les avoir fait travailler ces derniers jours, et la plupart d'entre eux se jetèrent dans le bateau sans un mot ni un regard, comme le font les marins. Jack Benton fut le dernier à passer par-dessus bord, et il resta immobile une minute et me regarda, et son visage blanc se contracta. Je pensais qu'il voulait dire quelque chose.

"Prends soin de toi, Jack," dis-je. "Au revoir !"

C'était comme s'il ne pouvait pas parler pendant deux ou trois secondes ; puis ses paroles sont devenues épaisses.

"Ce n'était pas ma faute, M. Torkeldsen . Je jure que ce n'était pas ma faute !"

C'était tout; et il est tombé sur le côté, me laissant me demander ce qu'il voulait dire.

Le capitaine et moi sommes restés à bord et le marchand de navires a demandé à un garçon antillais de cuisiner pour nous.

Ce soir-là, avant de rentrer, nous nous tenions près du rail en train de fumer tranquillement, regardant les lumières de la ville, à un quart de mile de là, se refléter dans l'eau calme. Il y avait une sorte de musique à terre, dans une salle de danse de marins, j'ose dire ; et je n'avais aucun doute que la plupart des hommes qui avaient quitté le navire étaient là, et déjà pleins de jiggy-jiggy. La musique jouait beaucoup d'airs de marins qui se croisaient, et on entendait de temps en temps des voix d'hommes dans le chœur. Les uns se succédèrent, puis ce fut "Nancy Lee", haut et fort, et les hommes chantant " Yo -ho, heave-ho!"

"Je n'ai pas l'oreille pour la musique", a déclaré le capitaine Hackstaff , "mais il me semble que c'est la mélodie que l'homme sifflait la nuit où nous avons perdu l'homme par-dessus bord. Je ne sais pas pourquoi elle m'est restée en tête, et bien sûr tout cela n'a aucun sens ; mais il me semble que je l'ai entendu tout le reste du voyage. »

Je n'ai rien dit à cela, mais je me demandais jusqu'à quel point le vieil homme avait compris. Puis nous nous sommes couchés et j'ai dormi dix heures sans ouvrir les yeux.

je suis resté fidèle à *Helen B. Jackson* tant que je pouvais supporter un avant - après ; mais cette nuit-là, alors que nous étions à La Havane, c'était la dernière fois que j'entendais « Nancy Lee » à bord du navire. Le bras de rechange était parti à terre avec les autres, et il n'est jamais revenu, et il a pris son parti avec lui ; mais toutes ces choses sont aussi claires dans ma mémoire que si elles s'étaient produites hier.

Après cela, j'ai été dans les eaux profondes pendant un an ou plus, et après être rentré à la maison , j'ai obtenu mon certificat, et avec mes amis, j'avais économisé un peu d'argent et j'avais eu un petit héritage d'un oncle en Norvège, j'ai eu le commandement d'un navire côtier, avec une petite part dans celui-ci. J'étais chez moi trois semaines avant de prendre la mer et Jack Benton a vu mon nom dans les journaux locaux et m'a écrit.

Il a dit qu'il avait quitté la mer, qu'il s'essayait à l'agriculture et qu'il allait se marier, et il m'a demandé si je ne viendrais pas pour ça, car ce n'était pas plus de quarante minutes en train ; et lui et Mamie seraient fiers de m'avoir au mariage. Je me rappelais comment j'avais entendu un frère demander à l'autre si Mamie savait. Cela voulait dire si elle savait qu'il voulait l'épouser, je suppose. Elle avait pris son temps, car cela faisait presque trois ans que nous avions perdu Jim Benton par-dessus bord.

Je n'avais rien de particulier à faire pendant que nous nous préparions à prendre la mer ; rien qui ne m'empêche d'y aller pour une journée, je veux dire ; et j'ai pensé que j'aimerais voir Jack Benton et jeter un œil à la fille qu'il allait épouser. Je me demandais s'il était redevenu joyeux et s'il s'était débarrassé de cet air tiré qu'il avait lorsqu'il me disait que ce n'était pas de sa faute. Comment cela aurait-il pu être de sa faute, de toute façon ? J'ai donc écrit à Jack que je viendrais le voir marié ; et le jour venu, j'ai pris le train et j'y suis arrivé vers dix heures du matin. J'aurais aimé ne pas l'avoir fait. Jack m'a rencontré à la gare et il m'a dit que le mariage devait avoir lieu tard dans l'après-midi et qu'ils ne partaient pas pour un voyage de mariage idiot, lui et Mamie, mais qu'ils allaient simplement rentrer chez eux à pied après chez sa mère. maison à sa chaumière. Cela lui suffisait, dit-il. Je l'ai regardé attentivement pendant une minute après notre rencontre. Quand nous nous sommes séparés, j'ai eu une sorte d'idée qu'il allait peut-être boire, mais ce n'était pas le cas. Il avait l'air très respectable et aisé dans son manteau noir et son col montant de ville ; mais il était plus maigre et plus osseux que lorsque je l'avais connu, et il y avait des rides sur son visage, et je trouvais que ses yeux avaient un air étrange, à moitié sournois, à moitié effrayé. Il n'avait pas besoin d'avoir peur de moi, car je n'avais pas l'intention de parler à son épouse de *Helen B. Jackson* .

Il m'a d'abord emmené dans son chalet et j'ai pu voir qu'il en était fier. Ce n'était qu'à un encablure de la ligne des hautes eaux, mais la marée descendait et il y avait déjà une large étendue de sable dur et humide de l'autre côté de la route de la plage. Le terrain de Jack s'étendait derrière le chalet sur environ un quart de mile, et il a dit que certains des arbres que nous avons vus étaient les siens. Les clôtures étaient soignées et bien entretenues, et il y avait une grange de bonne taille un peu à l'écart de la maison, et j'ai vu de jolis bovins dans les prés ; mais cela ne me semblait pas vraiment être une ferme, et je pensais que d'ici peu Jack devrait quitter sa femme pour s'en occuper et reprendre la mer. Mais j'ai dit que c'était une belle ferme, pour paraître agréable, et comme je ne connais pas grand-chose à ces choses- là , j'ose dire que ça l'était quand même. Je ne l'ai jamais vu qu'une seule fois. Jack m'a dit que lui et son frère étaient nés dans la chaumière et qu'à la mort de leur père et de leur mère , ils avaient loué le terrain au père de Mamie, mais avaient gardé la chaumière pour y vivre lorsqu'ils revenaient de la mer pendant un certain temps. C'était un petit endroit aussi soigné qu'on aurait aimé le voir : les sols aussi propres que les ponts d'un yacht et la peinture aussi fraîche qu'un navire de guerre. Jack a toujours été un bon peintre. Il y avait un joli salon au rez-de-chaussée, et Jack l'avait tapissé et avait accroché aux murs des photographies de navires et de ports étrangers, ainsi que des objets qu'il avait rapportés de ses voyages : un boomerang, une massue des mers du Sud, des chapeaux de paille japonais. et un éventail de Gibraltar avec une corrida dessus, et tout ce genre d'équipement. Il me semblait que Miss Mamie avait contribué à l'arrangement. Il y avait un poêle Franklin tout neuf en fer poli placé dans la vieille cheminée, et une nappe rouge d'Alexandrie, brodée de ces étranges lettres égyptiennes. Tout était aussi lumineux et convivial que possible, et il me montrait tout, il était fier de tout, et je l'aimais encore mieux. Mais j'aurais souhaité que sa voix paraisse plus joyeuse, comme lors de notre premier voyage à bord du *Helen B.* , et que l'air tiré disparaisse de son visage pendant une minute. Jack m'a tout montré et m'a emmené à l'étage, et c'était pareil : lumineux et frais et prêt pour la mariée. Mais sur le palier supérieur, il y avait une porte que Jack n'ouvrait pas. Quand nous sommes sortis de la chambre, j'ai remarqué qu'elle était entrouverte, et Jack l'a fermé rapidement et a tourné la clé.

"Cette serrure ne sert à rien", dit-il à moitié pour lui-même. "La porte est toujours ouverte."

Je n'ai pas prêté beaucoup d'attention à ce qu'il disait, mais alors que nous descendions les petits escaliers, fraîchement peints et vernis de telle sorte que j'avais presque peur de marcher dessus, il reprit la parole.

"C'était sa chambre, monsieur. J'en ai fait une sorte de débarras."

"Vous le voudrez peut-être dans un an environ", dis-je, souhaitant être agréable.

"Je suppose que nous n'utiliserons pas sa chambre pour ça," répondit Jack à voix basse.

Puis il m'a offert un cigare provenant d'une nouvelle boîte dans le salon , et il en a pris un, nous les avons allumés et sommes sortis ; et lorsque nous avons ouvert la porte d'entrée, Mamie Brewster se tenait sur le chemin, comme si elle nous attendait. C'était une jolie fille, et je ne m'étonne pas que Jack ait été prêt à l'attendre trois ans. Je voyais qu'elle n'avait pas été élevée dans des chambres froides et chauffées à la vapeur, mais qu'elle était devenue une femme au bord de la mer. Elle avait les yeux bruns, de fins cheveux bruns et une belle silhouette.

"Voici le capitaine Torkeldsen ", dit Jack. "Voici Miss Brewster, capitaine ; et elle est heureuse de vous voir."

"Eh bien, je le suis", dit Miss Mamie, "car Jack nous a souvent parlé de vous, capitaine."

Elle a tendu la main, a pris la mienne et l'a serrée chaleureusement, et je suppose que j'ai dit quelque chose, mais je sais que je n'ai pas dit grand-chose.

La porte d'entrée du cottage donnait sur la mer et il y avait un chemin droit menant à la porte sur la route de la plage. Il y avait un autre chemin partant des marches de la maison qui tournait vers la droite, assez large pour que deux personnes puissent marcher facilement, et il menait tout droit à travers champs en passant par des portes jusqu'à une maison plus grande à environ quatre cents mètres de là. C'était là qu'habitait la mère de Mamie et le mariage devait avoir lieu là-bas. Jack m'a demandé si j'aimerais visiter la ferme avant le dîner, mais je lui ai répondu que je ne connaissais pas grand-chose aux fermes. Puis il a dit qu'il voulait juste regarder un peu autour de lui, car il n'aurait peut-être pas beaucoup plus de chance ce jour-là ; et il a souri, et Mamie a ri.

"Montrez au capitaine le chemin de la maison, Mamie", dit-il. "Je serai là dans une minute."

Alors Mamie et moi avons commencé à marcher le long du chemin, et Jack est monté vers la grange.

"C'était gentil de votre part, capitaine", commença Miss Mamie, "car j'ai toujours voulu vous voir."

"Oui", dis-je, m'attendant à quelque chose de plus.

"Vous voyez, je les ai toujours connus tous les deux", a-t-elle poursuivi. "Quand j'étais petite, ils m'emmenaient en doris pour attraper de la morue, et je les aimais tous les deux", ajouta-t-elle pensivement. "Jack ne se soucie pas de parler de son frère maintenant. C'est naturel. Mais cela ne vous dérangera pas de me raconter comment cela s'est passé, n'est-ce pas ? J'aimerais tellement le savoir."

Eh bien, je lui ai raconté le voyage et ce qui s'était passé cette nuit-là lorsque nous sommes tombés sur un coup de vent, et que ce n'était la faute de personne, car je n'allais pas admettre que c'était la faute de mon ancien capitaine , si c'était le cas. était. Mais je ne lui ai rien dit de ce qui s'est passé par la suite. Comme elle ne parlait pas, j'ai simplement continué à parler des deux frères, de leur ressemblance et de la façon dont, lorsque le pauvre Jim s'est noyé et que Jack est resté, j'ai pris Jack pour lui. Je lui ai dit qu'aucun de nous n'avait jamais su exactement lequel était lequel.

"Je n'en ai pas toujours été sûre moi-même", dit-elle, "à moins qu'ils ne soient ensemble. Du moins, pas pendant un jour ou deux après leur retour de la mer. Et maintenant, il me semble que Jack ressemble plus au pauvre Jim, comme je l'ai dit. souviens-toi de lui, comme il ne l'a jamais été, car Jim était toujours plus calme , comme s'il réfléchissait.

Je lui ai dit que je le pensais aussi. Nous avons passé le portail et sommes entrés dans le champ suivant, marchant côte à côte. Puis elle tourna la tête pour chercher Jack, mais il n'était pas en vue. Je n'oublierai pas ce qu'elle a dit ensuite.

"Tu es sûr maintenant ?" elle a demandé.

Je restai immobile et elle fit un pas, puis se tourna et me regarda. Nous avons dû nous regarder alors qu'on pouvait en compter cinq ou six.

"Je sais que c'est idiot", a-t-elle poursuivi, "c'est idiot, et c'est horrible aussi, et je n'ai pas le droit de le penser, mais parfois je ne peux pas m'en empêcher. Vous voyez, c'est toujours Jack que j'avais l'intention d'épouser. ".

"Oui," dis-je bêtement, "je suppose que oui."

Elle attendit une minute et se remit à marcher lentement avant de reprendre sa route.

"Je vous parle comme si vous étiez un vieil ami, capitaine, et je ne vous connais que depuis cinq minutes. C'était Jack que je voulais épouser, mais maintenant il ressemble tellement à l'autre."

Lorsqu'une femme a une fausse idée en tête, il n'y a qu'un seul moyen de l'en lasser, c'est d'être d'accord avec elle. C'est ce que j'ai fait, et elle a continué à parler de la même manière pendant un petit moment, et j'ai continué à être d'accord et d'être d'accord jusqu'à ce qu'elle se retourne vers moi.

"Tu sais que tu ne crois pas ce que tu dis", dit-elle en riant. "Tu sais que Jack est Jack, c'est vrai ; et c'est Jack que je vais épouser."

Bien sûr , je l'ai dit, car je ne me souciais pas de savoir si elle me considérait comme une créature faible ou non. Je n'allais pas dire un mot qui pourrait interférer avec son bonheur, et je n'avais pas l'intention de revenir sur Jack Benton ; mais je me souviens de ce qu'il avait dit en quittant le navire à La Havane : que ce n'était pas sa faute.

"Tout de même", continua Miss Mamie, comme le font une femme, sans se rendre compte de ce qu'elle disait, "tout de même, j'aurais aimé voir cela arriver. Alors je devrais le savoir."

L'instant d'après, elle a compris qu'elle ne voulait pas dire cela, et elle avait peur que je la pense sans cœur, et elle a commencé à expliquer qu'elle préférerait vraiment mourir elle-même plutôt que de voir le pauvre Jim passer par-dessus bord. De toute façon, les femmes n'ont pas beaucoup de bon sens. Tout de même, je me demandais comment elle pourrait épouser Jack si elle doutait qu'il puisse être Jim après tout. Je suppose qu'elle s'était vraiment habituée à lui depuis qu'il avait abandonné la mer et était resté à terre, et qu'elle prenait soin de lui.

Peu de temps après, nous entendîmes Jack arriver derrière nous, car nous avions marché très lentement pour l'attendre.

— Promettez-moi de ne dire à personne ce que j'ai dit, capitaine, dit Mamie, comme font les filles dès qu'elles ont raconté leurs secrets.

Quoi qu'il en soit, je sais que je ne l'ai jamais dit à personne d'autre qu'à toi. C'est la première fois que je parle de tout cela, la première fois depuis que j'ai pris le train de là. Je ne vais pas tout vous raconter de la journée. Miss Mamie m'a présenté à sa mère, qui était la veuve d'un vieux fermier de la Nouvelle-Angleterre, calme et au visage dur, ainsi qu'à ses cousins et parents ; et il y en avait aussi beaucoup au dîner, et il y avait aussi le curé. C'était ce qu'on appelle dans ces régions un baptiste à carapace dure, avec une lèvre supérieure longue et rasée, un appétit dévorant et une sorte d'air supérieur, comme s'il ne s'attendait pas à voir beaucoup d'entre nous plus tard - à la manière d'un Le pilote new-yorkais regarde autour de lui et donne des ordres lorsqu'il monte à bord d'un cargo italien, comme si le navire ne faisait pas grand-chose de toute façon, même si c'était son affaire de veiller à ce qu'il ne s'échoue pas. C'est à cela que ressemblent bon nombre de pasteurs, je pense. Il dit grâce comme s'il ordonnait aux hommes de border le hunier et de relever le gouvernail. Après le dîner, nous sortîmes sur la place, car il faisait chaud en automne ; et les jeunes gens s'en allaient par deux le long de la route de la plage, et la marée avait tourné et commençait à monter. La matinée avait été claire et belle, mais à quatre heures, elle commençait à ressembler à du brouillard, et l'humidité est sorti de la mer et a réglé tout. Jack a dit qu'il descendrait à son cottage et y jetterait un dernier coup d'œil, car le mariage devait avoir lieu à cinq heures, ou peu après, et il voulait allumer les lumières pour que les choses paraissent joyeuses.

"Je vais juste jeter un dernier coup d'œil", répéta-t-il alors que nous atteignions la maison. Nous sommes entrés et il m'a proposé un autre cigare, je l'ai allumé et je me suis assis dans le salon . Je l'entendais bouger, d'abord dans la cuisine, puis à l'étage, puis je l'entendais de nouveau dans la cuisine ;

et puis avant que je sache quoi que ce soit, j'ai entendu quelqu'un monter à nouveau à l'étage. Je savais qu'il n'aurait pas pu monter les escaliers aussi vite. Il est entré dans le salon , et il a lui-même pris un cigare, et pendant qu'il l'allumait, j'ai de nouveau entendu ces pas au-dessus de moi. Sa main trembla et il laissa tomber l'allumette.

"Avez-vous fait appel à quelqu'un pour vous aider ?" J'ai demandé.

"Non," répondit sèchement Jack, et il alluma une autre allumette.

"Il y a quelqu'un à l'étage, Jack," dis-je. "Tu n'entends pas de pas ?"

"C'est le vent, capitaine," répondit Jack ; mais je voyais qu'il tremblait.

"Ce n'est pas du vent, Jack," dis-je ; "C'est calme et brumeux. Je suis sûr qu'il y a quelqu'un à l'étage."

"Si vous en êtes si sûr, vous feriez mieux d'aller voir par vous-même, capitaine," répondit Jack, presque en colère.

Il était en colère parce qu'il avait peur. Je l'ai laissé devant la cheminée et je suis monté à l'étage. Il n'y avait aucun pouvoir sur terre qui pouvait me faire croire que je n'avais pas entendu les pas d'un homme au-dessus de ma tête. Je savais qu'il y avait quelqu'un là-bas. Mais il n'y en avait pas. Je suis entré dans la chambre, et tout était calme, et la lumière du soir pénétrait, rougeâtre dans l'air brumeux ; et je sortis sur le palier et regardai dans la petite pièce du fond qui était destinée à une servante ou à un enfant. Et en revenant, j'ai vu que la porte de l'autre pièce était grande ouverte, même si je savais que Jack l'avait verrouillée. Il avait dit que la serrure n'était pas bonne. J'ai regardé à l'intérieur. C'était une pièce aussi grande que la chambre à coucher, mais presque sombre, car elle avait des volets et ils étaient fermés. Il y avait une odeur de moisi, comme celle d'un vieux matériel, et je pouvais voir que le sol était jonché de coffres de mer et qu'il y avait des cirés et des affaires empilés sur le lit. Mais je croyais toujours qu'il y avait quelqu'un à l'étage, alors je suis entré, j'ai craqué une allumette et j'ai regardé autour de moi. Je voyais les quatre murs et les vieux papiers défraîchis, un lit en fer et un miroir fissuré, et tout ce qui jonchait le sol. Mais il n'y avait personne. Alors j'ai éteint l'allumette, je suis sorti, j'ai fermé la porte et j'ai tourné la clé. Maintenant, ce que je vous dis est la vérité. Quand j'ai tourné la clé, j'ai entendu des pas s'éloignant de la porte à l'intérieur de la pièce. Puis je me suis senti bizarre pendant une minute, et quand je suis descendu , j'ai regardé derrière moi, comme les hommes au volant regardaient derrière eux à bord de l' *Helen B.*

Jack était déjà dehors, sur les marches, en train de fumer. J'ai l'impression qu'il n'aimait pas rester seul à l'intérieur.

"Bien?" » demanda-t-il, essayant de paraître insouciant.

"Je n'ai trouvé personne", répondis-je, "mais j'ai entendu quelqu'un bouger."

"Je vous ai dit que c'était le vent", dit Jack avec mépris. "Je devrais le savoir, car j'habite ici et j'entends cela souvent."

Il n'y avait rien à dire, alors nous avons commencé à descendre vers la plage. Jack a dit que rien n'était pressé, car il faudrait un certain temps à Miss Mamie pour s'habiller pour le mariage. Nous nous sommes donc promenés, et le soleil se couchait à travers le brouillard et la marée montait. Je savais que la lune était pleine et que lorsqu'elle se lèverait, le brouillard s'éloignerait de la terre, comme c'est parfois le cas. J'ai senti que Jack n'aimait pas avoir entendu ce bruit, alors j'ai parlé d'autres choses et je lui ai posé des questions sur ses perspectives, et peu de temps après, nous avons discuté aussi agréablement que possible.

Je n'ai pas assisté à beaucoup de mariages dans ma vie, et je suppose que vous n'y êtes pas allé, mais celui-là m'a semblé bien aller jusqu'à ce qu'il soit presque terminé ; et puis, je ne sais pas si cela faisait partie de la cérémonie ou non, mais Jack tendit la main et prit celle de Mamie et la tint une minute, et la regarda pendant que le curé parlait encore.

Mamie devint blanche comme un drap et cria. Ce n'était pas un grand cri, mais juste une sorte de petit cri étouffé, comme si elle était à moitié morte de peur ; Le pasteur s'arrêta et lui demanda ce qui se passait, et la famille se rassembla autour.

"Ta main est comme de la glace", dit Mamie à Jack, "et elle est toute mouillée !"

Elle continuait à le regarder, tout en se ressaisissant.

"Ça ne me semble pas froid", dit Jack, et il tenait le dos de sa main contre sa joue. "Essaye encore."

Mamie lui tendit la sienne et lui toucha le dos de la main, timidement d'abord, puis la saisit.

"Eh bien, c'est drôle", dit-elle.

"Elle a été aussi nerveuse qu'une sorcière toute la journée", dit sévèrement Mme Brewster.

"Il est naturel", dit le pasteur, "que la jeune Mme Benton ressente un peu d'agitation à un tel moment."

La plupart des parents de la mariée vivaient à distance et étaient des gens très occupés. Il avait donc été convenu que le dîner que nous avions pris au milieu de la journée remplacerait un dîner d'après et que nous aurions juste un dîner. une fois le mariage terminé, et que tout le monde rentrerait chez lui et que le jeune couple descendrait seul à la maison. Quand j'ai regardé dehors , j'ai pu voir la lumière briller dans la maison de Jack, à 400 mètres de là. J'ai dit que je ne pensais pas pouvoir prendre un train pour me ramener avant neuf heures et demie, mais Mme Brewster m'a supplié de rester jusqu'à ce qu'il soit temps, car elle a dit que sa fille voudrait enlever sa robe de mariée avant de partir. allé à la maison; car elle avait mis quelque chose de blanc avec une couronne, c'était très joli, et elle ne pouvait pas rentrer chez elle comme ça, n'est-ce pas ?

Alors , quand nous eussâmes tous un petit souper, la fête commença à se disperser, et quand ils furent tous partis, Mme Brewster et Mamie montèrent à l'étage, et Jack et moi sortîmes sur la place pour fumer une cigarette, comme la vieille dame le faisait. je n'aime pas le tabac à la maison.

La pleine lune s'était levée maintenant, et elle était derrière moi alors que je regardais vers le cottage de Jack, de sorte que tout était clair et blanc, et il n'y avait que la lumière qui brûlait par la fenêtre. Le brouillard était descendu jusqu'au bord de l'eau et un peu au-delà, car la marée était haute, ou presque, et remontait sur la dernière bande de sable, à moins de cinquante pieds de la route de la plage.

Jack n'a pas dit grand-chose pendant que nous fumions, mais il m'a remercié d'être venu à son mariage et je lui ai dit que j'espérais qu'il serait heureux ; et c'est ce que j'ai fait. J'ose dire que nous pensions tous les deux à ces pas à l'étage, à ce moment-là, et que la maison ne semblerait pas si solitaire avec une femme à l'intérieur. Peu à peu, nous entendions la voix de Mamie qui parlait à sa mère dans l'escalier, et une minute plus tard, elle était prête à partir. Elle avait remis la robe qu'elle portait le matin, et elle paraissait noire le soir, presque aussi noire que le manteau de Jack.

Eh bien, ils étaient prêts à partir maintenant. Tout était très calme après l'excitation de la journée, et je savais qu'ils aimeraient emprunter ce chemin seuls maintenant qu'ils étaient enfin mari et femme. Je leur ai souhaité bonne nuit, bien que Jack ait fait mine de me presser de les accompagner par le chemin jusqu'à la chaumière, au lieu d'aller à la gare par le chemin de la plage. Tout était très calme et cela me paraissait une manière sensée de se marier ; et quand Mamie a embrassé sa mère pour lui souhaiter une bonne nuit, j'ai simplement détourné le regard et j'ai jeté mes cendres sur la balustrade de la place. Ils se mirent donc en route vers la maison de Jack, et j'attendis une minute avec Mme Brewster, qui s'occupait d'eux, avant de prendre mon chapeau et de partir. Ils marchèrent côte à côte, un peu timidement au début, puis je vis Jack passer son bras autour de sa taille. Tandis que je regardais, il était à sa gauche, et je vis très distinctement le contour des deux personnages sur le clair de lune du chemin ; et l'ombre à droite de Mamie était large et noire comme de l'encre, et elle avançait, s'allongeant et se raccourcissant selon les inégalités du sol au bord du chemin.

J'ai remercié Mme Brewster et lui ai souhaité bonne nuit ; et bien qu'elle fût une femme dure de la Nouvelle-Angleterre, sa voix tremblait un peu lorsqu'elle répondait, mais étant une personne sensée, elle entra et ferma la porte derrière elle alors que je sortais sur le chemin. J'ai soigné une dernière fois le couple au loin, avec l'intention de descendre sur la route, pour ne pas les dépasser ; mais après avoir fait quelques pas, je m'arrêtai et regardai de nouveau, car je savais que j'avais vu quelque chose d'étrange, même si je ne m'en suis rendu compte qu'après coup. J'ai regardé de nouveau, et c'était assez clair maintenant ; et je restais immobile, regardant ce que je voyais. Mamie marchait entre deux hommes. Le deuxième homme avait exactement la même taille que Jack, tous deux mesurant environ une demi-tête de plus qu'elle ; Jack à sa gauche, avec son frac noir et son chapeau rond, et l'autre homme à sa droite – eh bien, c'était un marin en ciré mouillé. Je voyais le clair de lune briller sur l'eau qui coulait sur lui et sur la petite flaque d'eau qui s'était déposée là où le rabat de son sou'wester était retroussé derrière : et un de ses bras mouillés et brillants entourait la taille de Mamie, juste au-dessus. Celui de Jack. J'étais arrivé rapidement à l'endroit où je me trouvais et pendant une minute, j'ai cru que j'étais fou. Nous n'avions rien mangé d'autre que du cidre pour le dîner et du thé le soir, sinon j'aurais cru que quelque chose m'était venu à la tête, alors que je n'ai jamais été ivre de ma vie. Après ça, c'était plutôt un mauvais rêve.

J'étais heureux que Mme Brewster soit entrée. Quant à moi, je ne pouvais m'empêcher de suivre les trois, avec une sorte d'émerveillement pour voir ce qui allait se passer, pour voir si le marin en tenue mouillée allait simplement se fondre dans le clair de lune. Mais il ne l'a pas fait.

J'ai bougé lentement, et je me suis rappelé ensuite que j'avais marché sur l'herbe en arrivant. Je suppose que tout s'est passé en moins de cinq minutes, mais il me semblait que cela avait dû prendre une heure. Ni Jack ni Mamie ne semblaient remarquer le marin. Elle ne semblait pas savoir que son bras mouillé l'entourait, et peu à peu ils s'approchèrent de la chaumière, et je n'étais pas à cent mètres d'eux lorsqu'ils arrivèrent à la porte. Quelque chose m'a alors fait rester immobile. C'était peut-être de la peur, car j'ai vu tout ce qui s'est passé exactement comme je vous vois maintenant.

Mamie a posé son pied sur la marche pour monter, et tandis qu'elle avançait, j'ai vu le marin enfermer lentement son bras dans celui de Jack, et Jack n'a pas bougé pour monter. Alors Mamie se retourna sur la marche, et elles restèrent toutes les trois ainsi pendant une seconde ou deux. Elle s'écria alors : — J'ai entendu un jour un homme pleurer ainsi, quand son bras lui fut arraché par une grue à vapeur, — et elle tomba en tas sur la petite place.

J'ai essayé de sauter en avant, mais je ne pouvais pas bouger et je sentais mes cheveux se dresser sous mon chapeau. Le marin se retourna lentement sur place, fit pivoter Jack par le bras avec régularité et facilité, et commença à l'accompagner sur le chemin menant à la maison. Il l'accompagna tout droit sur ce chemin, avec la même régularité que le Destin ; et tout le temps je voyais le clair de lune briller sur ses cirés mouillés. Il lui fit franchir la porte, traverser la route de la plage et sortir sur le sable mouillé, là où la marée était haute. Puis j'ai repris mon souffle d'un trait, j'ai couru vers eux à travers l'herbe, j'ai sauté par-dessus la clôture et j'ai trébuché sur la route. Mais quand je sentis le sable sous mes pieds, ils étaient tous deux au bord de l'eau ; et quand j'atteignis l'eau, ils étaient loin, et jusqu'à la taille ; et je vis que la tête de Jack Benton était tombée en avant sur sa poitrine, et que son bras libre pendait mollement à côté de lui, tandis que son frère mort le conduisait régulièrement vers la mort. Le clair de lune brillait sur l'eau sombre, mais le banc de brouillard était blanc au-delà, et je les voyais en contre-jour ; et ils descendirent lentement et régulièrement. L'eau leur arrivait jusqu'aux aisselles, puis jusqu'aux épaules, puis je la vis monter jusqu'au bord noir du chapeau de Jack. Mais ils n'ont jamais hésité ; et les deux têtes allèrent tout droit, tout droit, jusqu'à ce qu'elles soient en dessous, et il y eut juste une ondulation dans le clair de lune là où Jack se trouvait.

J'ai eu l'idée de vous raconter cette histoire chaque fois que j'en avais l'occasion. Vous me connaissez, homme et garçon, depuis de nombreuses années ; et j'ai pensé que j'aimerais entendre votre opinion. Oui, c'est ce que j'ai toujours pensé. Ce n'est pas Jim qui est allé trop loin ; c'était Jack, et Jim l'a simplement laissé partir alors qu'il aurait pu le sauver ; et puis Jim s'est fait passer pour Jack avec nous et avec la fille. Si c'est ce qui s'est produit, il a eu ce qu'il méritait. On racontait le lendemain que Mamie l'avait découvert en arrivant à la maison, et que son mari était sorti dans la mer et s'était noyé ; et ils m'auraient reproché de ne pas l'avoir arrêté s'ils avaient su que j'étais là. Mais je n'ai jamais raconté ce que j'avais vu, car ils ne m'auraient pas cru. Je leur ai juste laissé penser que j'étais arrivé trop tard.

Quand je suis arrivé au chalet et que j'ai soulevé Mamie, elle était folle de rage. Elle s'est améliorée par la suite, mais elle n'a plus jamais été bien dans sa tête.

Oh, tu veux savoir s'ils ont trouvé le corps de Jack ? Je ne sais pas si c'était le sien, mais j'ai lu dans un journal d'un port du Sud où je me trouvais avec mon nouveau navire que deux cadavres étaient arrivés à terre par un coup de vent à l'Est, en assez mauvais état. Ils étaient enfermés ensemble, et l'un d'eux était un squelette enveloppé dans des cirés.

FRANCIS MARION CRAWFORD, le plus jeune des quatre enfants du célèbre sculpteur Thomas Crawford, est né à Rome, éduqué par une gouvernante française ; puis à la St Paul's School, Concord, NH ; dans le paisible village de campagne de Hatfield Regis, sous la direction d'un tuteur d'anglais ; au Trinity College de Cambridge, où on le considérait comme un mathématicien à l'époque ; à Heidelberg et Karlsruhe, ainsi qu'à l'Université de Rome, où un intérêt particulier pour les langues orientales l'envoya en Inde avec l'idée de se préparer à une chaire.

À une certaine époque, en Inde, des temps difficiles l'obligèrent presque à s'enrôler dans l'armée britannique, mais une opportunité l'envoya comme rédacteur en chef de l' *Indian Herald* à Allahabad. C'est au cours des dix-huit mois suivants qu'il rencontra à Simla le héros de son premier roman, « M. Isaacs ». « Sans lui », a dit M. Crawford, « je serais peut-être en ce moment professeur de sanskrit dans quelque collège américain » ; car cette idée persista après son retour aux États-Unis, où il entra à Harvard pour étudier spécialement le sujet.

Mais depuis le soir de mai, où l'histoire de l'homme intéressant de Simla a été racontée pour la première fois dans le fumoir d'un club donnant sur Madison Square, la vie de M. Crawford a été une dure œuvre littéraire. Il retourna en Italie en 1883 et passa la majeure partie de l'année suivante à Constantinople, où il épousa une fille du général Berdan . Depuis 1885, il a élu domicile à Sorrente, en Italie, visitant l'Amérique à intervalles réguliers.

"M. Isaacs", publié en 1882, fut presque immédiatement suivi par "Dr Claudius". Puis *The Atlantic Monthly* revendique un feuilleton intitulé « A Roman Singer » en 1883. Depuis lors, la liste de ses romans s'est portée à trente-deux, outre les ouvrages historiques et descriptifs intitulés « Ave Roma Immortalis » et « The Rulers of le sud."

Pour M. Crawford, le développement d'une histoire et du personnage qui l'a suggérée est la chose la plus importante . Comme le disent les critiques :

coloriste né , imaginatif et dramatique, viril et vivant."

Son large éventail de voyages a sans aucun doute contribué à une autre qualité caractéristique :

"... sa force dans les portraits inégalés de personnages étranges et son talent magique pour faire en sorte que ses lecteurs soient témoins des spectacles."

Sa connaissance intime de nombreux pays a abouti à une série inégalée de romans brillants, comprenant des personnages variés issus des vieilles familles de Rome, des souffleurs de verre de Venise, des orfèvres de Rome, des fabricants de cigarettes de Munich, de la cour du vieux Madrid, des Turcs. de Stamboul et du Bosphore , des simples marins des côtes d'Espagne, des Américains du New York et de Bar Harbor modernes, jusqu'aux croisés du XIIe siècle. Mais que la scène se déroule dans l'Inde moderne, dans l'Angleterre rurale, dans la Forêt-Noire ou dans les palais de Babylone, l'histoire captive l'imagination et fascine le lecteur.

« Le lecteur romantique trouvera ici un récit d'amour passionné et pur ; l'étudiant en caractère, l'analyse subtile et la représentation habile qu'il aime ;

l'historien approuvera son exactitude historique consciencieuse ; l'amateur
d'aventure verra son sang s'agiter et son pouls s'accélérer. pendant qu'il lit.